AF393228

CHRIS ANDERSON UND THE LONG TAIL

Ein Internetgeschäftsmodell

Verfasst von Ariane de Saeger
In Zusammenarbeit mit Anne-Christine Cadiat
Übersetzt von Mareike Lobeck

CHRIS ANDERSON UND THE LONG TAIL

SCHLÜSSELINFORMATIONEN

- **Bezeichnung:** The Long Tail („der lange Schwanz")
- **Anwendungsbereich:** Mit „Long Tail" werden die Produkte eines Unternehmens bezeichnet, die zwar nur in geringer Anzahl verkauft werden, aber dennoch mehr Einnahmen generieren als die meistverkauften Produkte. Das bedeutet gleichzeitig, dass die beliebtesten und am meisten verkauften Artikel lediglich einen kleinen Teil des Umsatzes ausmachen, während die Randprodukte mehr vom Masseneffekt profitieren.
- **Warum ist es so gut?** Durch den Einbezug des Long Tail in die Unternehmensstrategie können die Verkaufszahlen für das gesamte Produktportfolio konstant gehalten werden.
- **Schlüsselwörter:**
  - Blockbuster: Verkaufsschlager, meist mit einem umfangreichen Werbebudget ausge-

stattet; realisiert Rekordverkaufszahlen

◦ <u>Umsatz</u>: in der Regel innerhalb eines Jahres gesammelte und gebuchte Einnahmen aus verkaufter Ware bzw. Dienstleistungen eines Unternehmens
◦ <u>Opportunitätskosten</u>: gibt den Verlust an, der entsteht, wenn Ressourcen in eine und nicht in eine andere Sache investiert werden (Kosten entgangener Möglichkeiten)
◦ <u>Onlinehandel</u>: auch E-Commerce, Handel über das Internet
◦ <u>Profit</u>: mittels eines Vorgangs generierter Gewinn. So ist beispielsweise ein Verkauf ein Vorgang, der Profit oder Verlust generieren kann.
◦ <u>rentabel</u>: Gewinn/Profit generierend
◦ <u>Statistik</u>: alle Daten über eine Gruppe Menschen oder Einheiten, anhand derer Trends erkannt werden können

EINLEITUNG

Das Long-Tail-Konzept entspringt einem Essay des amerikanischen Experten für neue Informations- und Kommunikationstechnologien Clay Shirky (geboren 1964) und wurde 2004 vom amerikanischen Journalisten Chris Anderson (ehemaliger Chefredakteur des Technologie-Magazins *Wired*, geboren 1961) bekannt gemacht. Shirky stellt fest, dass es nur wenige Blogs gibt, die über zahlreiche Links erreichbar sind, während die meisten Blogs (also mehrere Millionen) kaum verlinkt sind.

Aufbauend auf diese Feststellung versucht Anderson, bestehende und zukünftige Wirtschaftsmodelle (im Hinblick auf digitale Wirtschaft) zu erklären. Er beschreibt, wie seiner Meinung nach Produkte, für die nur geringe Nachfrage herrscht, gemeinsam dennoch einen hohen Umsatz generieren können.

Darüber hinaus sind es jedoch gerade das Aufkommen und die Verbreitung von Technologien und digitalen Produkten, die das Long-Tail-Wirtschaftsmodell möglich machen. Unternehmer, die nur sehr niedrige – bzw. inexistente oder „virtuelle" – Lagerkosten haben, wenn sie mit digitalen Produkten (E-Books, Online-Filme, Musik etc.) handeln, können online eine entsprechend umfangreiche Angebotspalette anbieten und damit auch Kunden ansprechen, die sich für Randprodukte interessieren.

Definition

Der Wirtschafts- und Statistikansatz des Long Tail ermöglicht es, die Verteilung des Unternehmensumsatzes über dessen gesamte Produktpalette darzustellen und dabei sowohl die beliebtesten Produkte, d. h. die Blockbuster, als auch speziellere Randprodukte miteinzubeziehen. Es handelt sich daher um ein Strategietool für Verkauf und Marketing.

Das Modell besteht aus zwei Teilen:

- dem „Kopf", der aus einer begrenzten Anzahl beliebter Produkte mit großer Nachfrage besteht, die jeweils hohe Verkaufszahlen generieren
- dem „Schwanz" (also dem eigentlichen „Long Tail"), der aus einer großen Anzahl spezieller Produkte mit geringer Nachfrage besteht, die jeweils niedrige Verkaufszahlen generieren

THE LONG TAIL IN DER THEORIE

Chris Anderson machte das Long-Tail-Modell mit seinen Analysen zahlreicher Onlinehändler bekannt, darunter *Amazon* (besonders im Hinblick auf den Buchhandel), *Rhapsody* (Online-Musikdienst), *eBay* (Secondhand-Handel) und *Netflix* (Film-Streamingdienst). Seine Arbeit ergab, dass in den betrachteten Fällen die Verkaufszahlen für die beliebtesten Artikel nur einen Teil des Gesamtumsatzes ausmachten; anders gesagt hing die Rentabilität der Verkäufe nicht nur von den Kassenschlagern ab. In seinem Bestseller *The Long Tail – der lange Schwanz*[1] widmet sich Anderson ausführlich diesem Phänomen.

Von Anfang an stellt das neue Konzept zahlreiche Verkaufsstrategien und Wirtschaftsmodelle in Frage: Dem Autor zufolge kann es in man-

---

1. Anderson, Chris: *The Long Tail – der lange Schwanz. Nischenprodukte statt Massenmarkt – Das Geschäft der Zukunft.* Aus dem Amerikanischen von Michael Bayer und Heike Schlatterer. Hanser: München 2007.

chen Fällen rentabler sein, nicht ausschließlich Blockbuster zu verkaufen. Den Nachweis liefert Anderson gleich mit.

BESTANDTEILE

The Long Tail: „Kopf" und „Schwanz"

Das Statistik- und Strategiekonzept wird häufig als Grafik dargestellt, wobei die x-Achse die Menge der verkauften Produkte und die y-Achse die Verkaufszahlen angibt.

The Long Tail

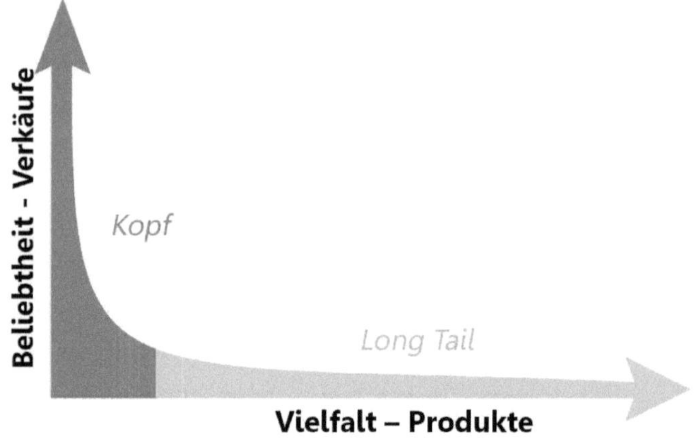

Der rote Bereich – der „Kopf" des Long Tail – zeigt, dass nur wenige Artikel zu Rekordverkaufszahlen führen, während der gelbe Bereich – der „Schwanz" des Long Tail – verdeutlicht, dass der Großteil der Produkte lediglich in kleiner Anzahl verkauft wird.

Das 80/20-Prinzip und The Long Tail

Das 80/20-Prinzip bzw. Pareto-Gesetz, nach dem 80 % des Umsatzes durch den Verkauf von 20 % der Waren generiert werden, wird durch das Long-Tail-Konzept entkräftet. Anderson zeigt, dass das 80/20-Prinzip nur auf nicht voll ausgeschöpfte Nischenmärkte angewandt werden kann.

Dank neuer Informations- und Kommunikations technologien können heutzutage das Produktions volumen reduziert, das Warenangebot differenziert und neue Informationstechnologien eingesetzt werden, um von niedrigen Lagerkosten zu profitieren. Zudem erleichtern Suchmaschinen Kunden die Auswahl; durch das so präsentierte, breit gefächerte Angebot können sie ihren persönlichen Vorlieben entsprechend einkaufen. Alle Produkte, für die auf einem nicht-digitalen

Markt nur geringe Nachfrage besteht, werden im Internet – damit also weltweit – zu Produkten mit einem potenziell bedeutenden Abnehmerfeld. Sie sind dem Umsatz dadurch potenziell genauso zuträglich wie die beliebten Produkte und können sogar das 80/20-Verhältnis umkehren.

Bevor eine These wie die von Pareto komplett widerlegt werden kann, muss zunächst nachgewiesen werden, dass durch den veränderten Kontext keine der Regeln dieser Theorie mehr zutreffen. Anderson zufolge bildet sich der „Long Tail" automatisch, sobald alle Einschränkungen von Angebot und Nachfrage aufgehoben sind und Kunden freien Zugang zu allen Produkten haben.

Die Realität scheint jedoch etwas komplexer zu sein: Es ist nicht so, dass der Markt den lukrativen „Long Tail" schlicht unbeachtet lässt, vielmehr verhindern die Bedingungen auf dem Zielmarkt bisweilen, dass der Long-Tail-Profit entsprechend genutzt werden kann. Dies ist beispielsweise der Fall für Produkte mit sehr niedriger Nachfrage, bei denen die Kosten (für Logistik, Kommunikation etc.) kaum zu optimieren sind. Das 80/20-Prinzip kann daher nur für digitale Märkte und Produkte widerlegt werden. Es sind also vor allem IT-Märkte, die von dem Phänomen profitieren.

Produktions-, Lager- und Vertriebskosten

Das Long-Tail-Phänomen beruht darauf, dass digitale Artikel die Rentabilität steigern, indem diverse Kostenpunkte eines Unternehmens reduziert werden:

- **Produktion**: Das Geschäftsmodell digitaler Unternehmen basiert auf der intensiven Nutzung der Anwenderdaten. Indem die

Anwender dabei als Datenproduzent angesehen werden, können digitale Unternehmen sehr hohe Rentabilität erreichen. Auch in der Zukunft der Digitalbranche werden die Handhabung und tatsächliche Verwendung dieser Nutzerdaten eine wichtige Rolle spielen. Zahlreiche Experten haben den Kunden der digitalen Produktionskette bereits als Standardakteur hinzugefügt. Wo Unternehmen früher die Wahl zwischen interner und (durch Auslagerung von Teilen des Produktionsprozesses) externer Produktion hatten, entsteht heute noch eine weitere Alternative in Form von durch die Anwender gratis verrichteter Arbeit. So wird beispielsweise bei der Content-Erstellung mit „Ehrenamtlichen" zusammengearbeitet. Eine weitere Möglichkeit ist, dass sich Anwender ohne das Eingreifen bezahlter Mitarbeiter auf einer vom Unternehmen bereitgestellten Plattform (Forum) gegenseitig helfen. So profitiert die digitale Wirtschaft neben der Datenverarbeitung ebenfalls von einer „Koproduktion" oder „gemeinschaftlichen Produktion" mit den Anwendern. Damit verläuft die Produktion zielgerichteter, wodurch die Rentabilität potenziell steigt.

Zusammenfassend verwendet die digitale Wirtschaft also Nutzerdaten, liest daraus konkrete Bedürfnisse ab und bietet dementsprechende Dienstleistungen oder Produkt an. Der nach wie vor noch recht unkonkrete rechtliche Rahmen für die Verarbeitung personenbezogener Daten birgt allerdings ein potenzielles Missbrauchsrisiko.

- **Zentrallager oder dezentrale Lager?** Lagerbestände sind nie gänzlich inexistent, können in der digitalen Wirtschaft aber deutlich reduziert werden. *Amazon* hat beispielsweise ein „Online-Lager" geschaffen: Die Produkte werden in den Geschäften der Partner gelagert und gleichzeitig online angeboten und verkauft. Dank dieser Strategie konnte der Online-Riese seine Produkte in Millionen von Geschäften lagern, ohne dabei selbst Kosten zu generieren. Ein weiteres interessantes Beispiel ist das virtuelle Lager von *iTunes*, mit dem die Kosten für Lagerräume, Verpackung, Personal, Verwaltung etc. gesenkt werden konnten.
- **Diversifizierter Vertrieb**: Um The Long Tail effizient auszunutzen, sollte die Produktpalette für Verbraucher auf unterschiedlichen Wegen

zugänglich sein: Manche kaufen lieber online, andere gehen hingegen lieber ins Geschäft. Je mehr Verkaufskanäle es gibt, desto zufriedener ist die Kundschaft und desto höher sind die Verkaufszahlen.

Sowohl Anbieter als auch Kunden profitieren vom Online-Geschäft:

- Die Anbieter benötigen keine Zwischenhändler mehr, wie es im Großvertrieb oft der Fall ist. Dadurch erhöht sich ihre Gewinnmarge.
- Einzelpersonen, die digitale Produkte in großen Mengen und auf verschiedene Weise konsumieren (Filme, Musik, Content, Software etc.), profitieren von den verschiedenen Vertriebskanälen und der großen Vielfalt an nicht-materiellen und/oder speziellen Produkten.
- Angebot und Nachfrage treffen sich so in einem günstigen Kontext.

Produktion, Lagerung und Vertrieb mit The Long Tail

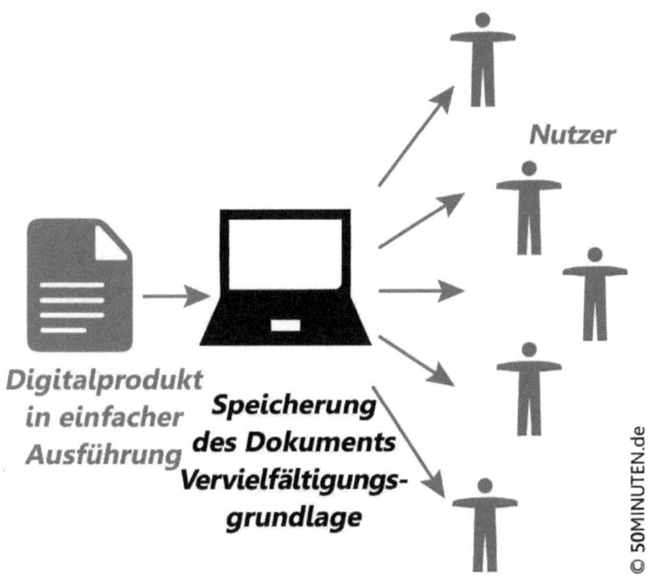

Kulturelle und wirtschaftliche Auswirkungen

Mit der steigenden Anzahl an Internetnutzern wächst auch die Zahl derer, die sich genauer mit den Auswirkungen auf kulturelle Vielfalt und die Unterhaltungsindustrie beschäftigen. Anderson zufolge...

- … ist das Produktangebot eines Unternehmens (und weitergefasst auch einer Branche) zwangsläufig nur auf einen Teil des Long Tail – nämlich den „Kopf" – beschränkt, wenn die Lagerkosten (die teilweise die Opportunitätskosten beeinflussen) sehr hoch sind. Die Blockbuster setzen sich in diesem Fall durch, was nur wenig Raum für eine größere Angebotsvielfalt lässt, welche alle Erwartungen der individuellen Verbraucher erfüllen könnte.
- … können Unternehmen den „Long Tail" ausnutzen, wenn die Lagerkosten niedrig sind, und dadurch sowohl diejenigen zufriedenstellen, die sich für beliebte Produkte interessieren, als auch diejenigen, die mit ihrem Geschmack eine Minderheit bzw. Randgruppe darstellen.

Diese wirtschaftlichen und kulturellen Auswirkungen können an mehreren Beispielen veranschaulicht werden:

- Buchhandel
- Fernsehprogramme
- Musikbranche
- etc.

So können Fernsehsender, Buchhandel, Musikbranche etc. ihren Verbrauchern tatsächlich eine wesentlich größere Auswahl anbieten, da die Lagerkosten relativ gering sind, und damit ihre Rentabilität erhöhen.

Einige sehen darin die Förderung kultureller Produkte durch das Internet und das Ende der Mainstream-Ära, da die physischen Beschränkungen durch Lagerkosten mit der Digitalisierung letztlich aufgehoben werden.

Listungsstrategien und The Long Tail

The Long Tail veranschaulicht Suchmaschinen-optimierung (auf Englisch „search engine optimization", SEO) auf besonders bildliche Weise, gleichzeitig ermöglichen oft gerade die Strategien zur Listungsoptimierung den Long Tail beim Onlineverkauf zahlreicher Produkte.

GUT ZU WISSEN: LISTUNG

In zwei unterschiedlichen Kontexten wird von „Listung" gesprochen:

- **Im Großhandel**: Aufnahme eines Produkts

in das Sortiment eines Händlers; Produkte werden hier gelistet, um sie schneller identifizieren und das Lagermanagement (Beschaffung, Einlagerung und Ausgänge) vereinfachen zu können. Die dabei vergebenen Bezugsnummern nutzt man gleichermaßen in Katalogen und Regalen, wodurch Angaben zum Bestand jederzeit aktuell gehalten werden können – meist mittels eines IT-Systems. Listungen im Großhandel ermöglichen ebenfalls, den angebotenen Content zu vereinheitlichen und zum Onlineverkauf zu wechseln, wenn dies noch nicht geschehen ist.

- **Im Internet (SEO)**: Mit einer optimalen Listung soll die Sichtbarkeit und Positionierung von Seiten im Internet verbessert werden. Suchmaschinenoptimierung muss regelmäßig durchgeführt werden. Sie basiert auf den Schlüsselwörtern („key words"), die Internetnutzer potenziell bei Suchmaschinen (wie *Google*, *Yahoo* etc.) eingeben, wenn sie nach bestimmten Dingen suchen.

Überträgt man The Long Tail auf Suchmaschinen-optimierung, bedeutet dies, alle Schlüsselwörter bzw. Suchbegriffe aufzuführen, die eventuell zu einer bestimmten Information oder einem Thema führen können. Dazu gehören die offensichtlichen, beliebten Schlagwörter ebenso wie weniger beliebte, genutzte oder bekannte Synonyme. Einzeln betrachtet generieren diese Synonyme weniger Traffic, zusammengefasst jedoch sogar mehr als die performanteren Schlüsselwörter.

Beim Erstellen einer Strategie für die Listung in Suchmaschinen sollten diese Überlegungen daher miteinbezogen werden. Je nach den Produkten, deren Listung verbessert werden soll – und damit je nach den entsprechenden Schlüsselwörtern –, trifft in der Regel eine der folgenden Beobachtungen zu:

- **Es ist einfach, sich bei Suchanfragen nach Randprodukten richtig zu positionieren**: Sich bei Suchanfragen nach Randprodukten richtig zu positionieren ist in der Regel einfach und schnell erledigt, da die Internetnutzer, die etwas Bestimmtes suchen, korrekt zu den Seiten geleitet werden, die ihrem Bedürfnis entsprechen. Dies unterstützt den „Long Tail" des Unternehmensangebots.

- **Es ist schwierig, sich bei hart umkämpften Mainstream-Suchanfragen, richtig zu positionieren**: Sich bei hart umkämpften Mainstream-Suchanfragen richtig zu positionieren ist hingegen eine schwierige, langwierige und kostspielige Aufgabe. Solche Suchanfragen sind eher unspezifisch, die Suchergebnisse können daher verschiedenste unentschlossene Internetnutzer anziehen. Deswegen können Unternehmen ihr Angebot hier nicht genauer anpassen und sich nur schwer (durch die Qualität ihres personalisierten Services) positionieren bzw. durchsetzen. Es ist daher sehr wahrscheinlich, dass eine Person auf der Suche nach etwas Bestimmten die Seite des Unternehmens schnell wieder verlassen wird, da sie nicht gefunden hat, wonach sie sucht. Mit dieser Strategie können jedoch gerade Blockbuster, der „Kopf" des Long Tail, gut positioniert werden.

THE LONG TAIL IN DER PRAXIS

TIPPS UND BEST PRACTICES

Regel 1: Eine breite Palette digitaler Produkte

Um auch den seltensten Randbedürfnissen gerecht zu werden und so viele Verbraucher wie möglich anzusprechen, sollte idealerweise eine Palette möglichst vielfältiger digitaler Produkte angeboten werden.

Regel 2: Produktion, Lagerung und digitaler Vertrieb

- **Gemeinschaftliche Produktion** bedeutet, einen Teil der Arbeit von den Kunden erledigen zu lassen. Die effiziente Nutzung von Anwenderdaten ist einer der Kernpunkte der digitalen Wirtschaft.
- Ein digitales Produkt muss nicht in so hoher Anzahl produziert werden wie Waren, die phy-

sisch **vertrieben** werden. Dieser Vorteil sollte von Unternehmern bedacht werden.

- Digitale **Lagerung** reduziert den Großteil der Kosten, die ein Unternehmen sonst bei materiellem Vertrieb tragen muss.

Regel 3: Sichtbare und erreichbare Produkte

Mit der allgemeinen Verbreitung des Internets sowohl im privaten als auch professionellen Kontext gewöhnen sich Nutzer immer mehr an die Verwendung von Suchmaschinen, was bedeutet, dass sie ihre Schlüsselwörter, mit denen sie nach Informationen suchen, bewusst auswählen.

- **Bedeutung der Schlüsselwörter**: Es ist essentiell, die Schlüsselwörter mit Bedacht auszuwählen. Dies gilt sowohl für die Wörter, die dem „Kopf" des Long Tail zu Gute kommen, als auch für die selteneren Schlüsselwörter, die zum „Long Tail" führen. Dieser Prozess nimmt meist viel Zeit in Anspruch, ist aber effektiv und erhöht die Rentabilität.

The Long Tail für SEO

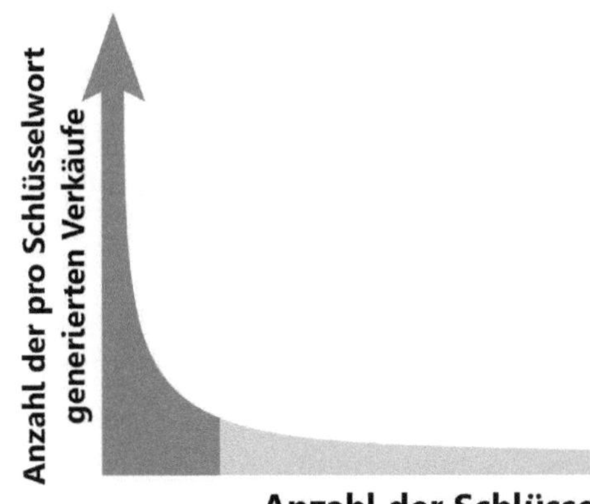

- **Bedeutung des Contents**: Nicht nur die Anzahl der selteneren Schlüsselwörter hat Einfluss auf den Traffic einer Internetseite, sondern vor allem der eigentliche Content. Spezifische Schlüsselwörter ohne konkrete Informationen werden lediglich begrenzten Traffic generieren.
- **Beachtung verdeckter Kosten**: Es ist jedoch Vorsicht geboten, denn das digitale Zeitalter

bringt teils auch unsichtbare Kosten mit sich. So hat etwa *SunGard* (weltweit agierender Hochtechnologie- und Softwareanbieter) im Rahmen einer Studie ermittelt, dass durch Wartung, Lizenzen, Software und unerwartete Probleme jährlich teils erhebliche Kosten auf Onlinehändler zukommen.

Es ist also essentiell für jeden, der potenzielle Kunden ansprechen möchte, ein sorgfältig ausgewähltes Spektrum an Suchbegriffen zu erstellen und hochwertige Textinhalte zu präsentieren.

WEITERE EMPFEHLUNGEN

Für ein rentables, auf dem Long Tail aufbauendes System muss sich ein Unternehmen für eine Vielzahl zielgerichteter kleiner Suchanfragen korrekt positionieren. Dadurch wird der Traffic auf der Seite verstärkt. Die folgenden Punkte sollten dabei beachtet werden:

- mögliche Suchbegriffe sorgfältig zusammentragen, um so auf möglichst viele zukünftige Nachfragen der Nutzer reagieren zu können

- Suchbegriffe, nachdem sie bestimmt wurden, in den Text-Content der zukünftigen Seite einarbeiten
- Der Text-Content sollte hochwertig sein. Content um des Contents willen ist nicht ausreichend: Die angebotenen Informationen sollten für Nutzer interessant sein, sodass diese die Seite nicht sofort wieder verlassen.
- einen attraktiven Titel wählen, der potenzielle Nutzer neugierig macht, die entsprechende Seite zu besuchen
- eine einheitliche Struktur für Titel und Paragraphen einhalten
- eine ausreichende Anzahl an Schlüsselwörtern in den Text einbauen
- Links zu anderen Seiten sorgfältig auswählen und dabei hochwertige Links bevorzugen, die dem Image der eigenen Seite nicht schaden
- sich bei *Google* als Redakteur des Inhalts „Autorität" verschaffen (je nach Anzahl der Nutzer, die die Seite besuchen)

Außerdem:

- Für allgemeine Schlüsselwörter (allgemeine Überbegriffe, die eine Reihe spezifischerer Begriffe umfassen) besteht fast immer Konkurrenz. Solche Schlüsselwörter bestehen aus ungefähr zwei Wörtern. Eine Person, die eine Seite zum Nachschlagen von Synonymen sucht, wird vermutlich „Synonym + das jeweilige Wort" in die Suchmaske eingeben. Bei einer solchen Suche erscheinen lediglich die am häufigsten genutzten Seiten.

- Im Gegensatz dazu sind seltenere Schlüsselwörter zwar weniger beliebt, dafür aber präziser. Dabei kann es sich beispielsweise um einen Ausdruck (3 bis 5 oder mehr Wörter) handeln, der eine gezieltere Suche des Nutzers nach einem bestimmten Content widerspiegelt.

FALLSTUDIE – ONLINE-BUCHLADEN

Kontext

Buchhändlerin *X* beschließt, dass es für sie aufgrund des starken Wettbewerbs auf dem Buchmarkt und der hohen Lager- und Produktionskosten gewinnbringender ist, E-Books online zu verkaufen. Sie ist sich der bereits bestehenden Konkurrenz im Internet bewusst und legt daher besonders viel Wert auf die Sichtbarkeit ihrer Seite, indem sie eine Strategie zur Suchmaschinenoptimierung umsetzt. Dabei versucht sie, die Schlüsselwörter zu definieren, die mit ihrer Seite assoziiert werden sollen. Mit anderen Worten muss die Buchhändlerin die Schlüsselwörter finden, die Nutzer vermutlich in eine Suchmaschine eingeben, wodurch sie dann – auf so direktem Weg wie möglich – auf die Verkaufsseite des Buchhändlers gelangen.

Eine breite Produktpalette anbieten

Um trotz des starken Wettbewerbs im Online-Buchhandel (*Amazon*, *Weltbild*, *Thalia* etc.) bestehen zu können, bleibt der Buchhändlerin nichts anderes übrig als ihr Angebot entweder sehr breit zu fächern oder aber stark zu spezialisieren. Sie beschließt daher, auf ihrer Seite E-Comics anzubieten – Bestseller ebenso wie speziellere Comics.

Fixkosten minimieren

Durch das Angebot von Comics im Internet kann Buchhändlerin *X* an ihren Fixkosten sparen

(Lagerung, Produktion, Versand – siehe <u>The Long Tail in der Theorie</u>). Dennoch muss sie die versteckten Kosten des Onlinehandels tragen:

- Kosten für die Konvertierung bzw. Digitalisierung der Dokumente
- Kosten für die digitale Speicherung
- Kosten für die Sicherheit der Seite
- Anwaltskosten für die Anpassung der Verlagsverträge

Im laufenden Betrieb werden noch weitere Kosten hinzukommen, etwa die regelmäßige Wartung der Internetseite, Updates etc.

Für Sichtbarkeit sorgen

Die Buchhändlerin wählt ihre Schlüsselwörter mit Bedacht. Sie ist sich dabei bewusst, dass sehr allgemeine Begriffe (wie „Buch" oder „Verkauf", sozusagen die Bestseller der Suchbegriffe) vermutlich in der Informationsflut untergehen. Solche allgemeinen Schlüsselwörter sorgen lediglich für ungefähr 20 % des gesamten durch die Suchmaschine generierten Traffics. Zielgerichtetere Begriffe (die einen direkten Bezug zu ihrer Tätigkeit haben) werden dagegen sofort mehr als 20 % generieren. Um sich von den großen Onlinehändlern abzuheben, sollte die Buchhändlerin Schlüsselwörter wählen, die speziell ihrem Content entsprechen, und dabei versuchen, sich in die Nutzer hineinzuversetzen, die nach bestimmten Informationen suchen.

Neben den Schlüsselbegriffen sollte außerdem der Textinhalt der Internetseite optimiert werden, um ihn attraktiv, interessant, zielgerichtet und detailliert zu gestalten. Dies dient dem „Long Tail" (der Branche). Für die Homepage wählt Buchhändlerin *X* beispielsweise einen Textinhalt, der so weit wie möglich der präzisen Suche der Nutzer entspricht. Dabei werden Teile des Inhalts zu Beginn jedoch nicht von den Personen vorgegeben, die die Schlüsselwörter benutzen, weswegen der Traffic zunächst „steril" ist. Allerdings ist die Wahrscheinlichkeit ebenfalls hoch, dass einige Wörter, die von der Buchhändlerin zunächst gar nicht als Schlüsselwörter gedacht waren, schließlich doch zu solchen werden.

Bevor die Buchhändlerin ein digitales Produkt anbieten kann, muss sie verschiedene Schritte ausführen:

1. Informationen sichtbar und kohärent struktu-
   rieren, um die Aufmerksamkeit der Besucher
   der Seite zu erlangen.
2. Die Schlüsselwörter auswählen, die für
   eine gelungene Positionierung sinnvoll sind
   (Synonyme, Ausdrücke etc.). Die Buchhändlerin
   könnte sich auch dazu entschließen, eine
   Marktstudie zu erstellen, indem sie selbst die
   Suchmaschinen nutzt, um herauszufinden,
   wie die Konkurrenz auf dem Comic-Markt
   aussieht.
3. Hochwertigen Textinhalt erstellen, der die
   zuvor ausgewählten Schlüsselwörter und
   Ausdrücke enthält.

Gleichzeitig sollte die angebotene Produktpalette vielfältig genug sein, um ein breites Publikum anzusprechen.

THE LONG TAIL: SCHWÄCHEN UND ERGÄNZUNGEN

SCHWÄCHEN UND KRITIK

Andersons Branchenanalyse wird zwar von allen, die wie er selbst im Long Tail verlockende Vorteile für den Kulturbereich sehen, freudig aufgenommen und weitergetragen. Die Realität und diverse Analysen scheinen Andersons Theorie jedoch zu widerlegen bzw. zumindest deren Gültigkeit und die damit verbundenen Konsequenzen für die Marktstruktur zu relativieren.

Auch mit dem Internet generiert der „Long Tail" nicht wesentlich mehr Verkäufe als zuvor

Will Page, Direktor bei *Spotify*, hat die Verkäufe von Musik im Netz analysiert. Dabei stellte er fest, dass von den 13 Millionen angebotenen Titeln 10 Millionen nicht verkauft werden, dass sich 8 % der Verkäufe auf 40 Titel konzentrieren und dass 3 % aller verkauften Titel 80 % des Umsatzes ausmachen. Pages Analyse zufolge ist der Erfolg der Blockbuster noch nicht vorbei.

Die Einnahmen der Blockbuster bleiben über denen des „Long Tail"

Die beiden französischen Wirtschaftswissenschaftler Pierre-Jean Benghozi und Françoise Benhamou haben sich in ihrer Analyse des Onlineverkaufs von CDs und DVDs ebenfalls mit dieser Frage beschäftigt. Ihre Studie ergab, dass der Long-Tail-Effekt zwar eintritt, aber nur in einem so geringen Ausmaß, dass er wohl die derzeitige Marktsituation kaum erschüttern wird. So entsprechen weniger als 10 % der Musikprodukte mehr als 90 % der Verkäufe, wobei die 10 am meisten verkauften Titel ihren Anteil an den Gesamteinnahmen noch steigern können.

Die stärkste Kritik stammt jedoch von der Harvard-Professorin für Wirtschaft Anita Elberse (geboren 1973), die nach 10 Jahren Forschungsarbeit und Analysen der Kultur- und Unterhaltungsmärkte das Gegenteil von

Andersons Theorie beweisen konnte. Elberse zufolge hat das Internet den Zusammenhang zwischen Einzelpersonen und kultureller Vielfalt nicht revolutioniert. Im Gegenteil seien Blockbuster so stark vertreten wie nie zuvor. Der „Kopf" des Long Tail verteidige also auch im Internetzeitalter seine Vormachtstellung. In ihrem Werk *Blockbusters*[1] veranschaulicht Dr. Elberse ihre Ergebnisse an der Filmbranche und erklärt unter anderem, dass die finanziellen Investitionen in Blockbuster deswegen so enorm hoch (und damit riskant) sind, weil sich die Filmproduzenten so vor den Risiken schützen, die auf diesem unsicheren Markt bestehen. Diese Aussage scheint paradox, wird von Elberse jedoch belegt.

GUT ZU WISSEN: DER FILMMARKT

Ob ein Film 10 Millionen Euro oder 100 Millionen Euro kostet, der Preis, den Verbraucher dafür ausgeben, ist in beiden Fällen derselbe. Niemand zahlt abhängig von den Produktionskosten eines Films mehr –

1. Elberse, Anita: *Blockbusters. Why Big Hits – and Big Risks – are the Future of the Entertainment Business.* Faber & Faber: London 2014.

oder weniger – für seinen Kinobesuch oder seine DVD. Logischerweise müsste ein Film mit niedrigeren Produktionskosten (in diesem Beispiel 10 Millionen Euro) proportional mehr einspielen. Ein Filmstudio könnte so außerdem 10 Filme produzieren anstatt nur einen mit einem Budget von 100 Millionen Euro. Wie kann sich diese Situation also zum Vorteil der Blockbuster umkehren?

Anita Elberse untermauert ihre These am Beispiel *Warner Bros.* Die Filmgesellschaft produziert fast ausschließlich Blockbuster (*Harry Potter, Sherlock Holmes* etc.), für sie bedeutet „kein Risiko eingehen" ein Risiko. Mit einer Strategie der großen Produktionen wurde *Warner Bros.* das erste Filmstudio, das in elf aufeinanderfolgenden Jahren über 1 Milliarde US-Dollar eingespielt hat.

Als Beispiel für eine entgegengesetzte Strategie betrachtet Elberse das Medienunternehmen *NBC Universal*, das zu diesem Zeitpunkt von Jeff Zucker (geboren 1965) und Ben Silvermann (geboren 1970) geleitet wurde. Der Misserfolg ihrer Strategie, durch Kosten- und Risikoreduzierung den Profit zu maximieren, wurde schnell deutlich. Indem *NBC* auf große, enorm kostspielige

Produktionen mit bekannten Filmstars und gefeierten Regisseuren verzichtete, gleichzeitig aber weiterhin Einnahmen sicherstellen wollte, fand sich das Unternehmen bald abgedrängt am Rande des Geschehens wieder. Der scheinbare Mangel an Ehrgeiz, fehlende Finanzierung sowie eine geringe Risikobereitschaft führten dazu, dass sich viele in der Branche von *NBC* abwandten. Das Unternehmen verlor so seine Vorreiterposition und ist nun „nur noch" das drittgrößte Medienunternehmen der Welt.

Die Wirtschaftswissenschaftlerin weitet ihre These anschließend auf weitere Bereiche aus und zeigt, dass sich das Phänomen wiederholt: Auch dort generieren Blockbuster den meisten Profit und sind damit für den Großteil der Verkaufsrentabilität verantwortlich. Sogar Unternehmen, die bislang noch leidenschaftliche Verfechter der Long-Tail-Strategie waren, beginnen sich dem unwiderlegbaren Prinzip der Blockbuster zu beugen, so beispielsweise *Netflix* und *Amazon*. Viele haben ihre Strategie angesichts der beeindruckenden Verkaufszahlen ihrer Konkurrenten geändert und richten ihre Analysen neu aus.

ERGÄNZUNGEN UND VERWANDTE MODELLE

Das Prinzip des Long Tail kann durch diverse Modelle erweitert und ergänzt werden. Im Folgenden wird lediglich eine Auswahl betrachtet.

Das Pareto-Prinzip

Eines der bekanntesten verwandten Modelle ist wohl das Pareto-Prinzip, oder auch die 80/20-Regel. Wie das Konzept des Long Tail wird auch das Pareto-Prinzip bei der Erarbeitung von Verkaufs- und Marketingstrategien verwendet, ebenso wie als Statistikinstrument. Der erstgenannte Verwendungszweck ist in dem hier besprochenen Zusammenhang vom größten Interesse.

Nach dem Pareto-Prinzip werden 80 % der Ergebnisse mit 20 % des Gesamtaufwands erreicht, im Handel bedeutet das, „20 % der Produkte generieren 80 % der Verkäufe" bzw. „20 % der Kunden generieren 80 % des Umsatzes". Trotz seiner allgemeinen Anwendbarkeit konnte das Prinzip nicht für alle Bereiche wissenschaftlich bewiesen werden. So erscheint es einigen Experten wenig wahrscheinlich, dass lediglich 20 % der Kunden 80 % des Umsatzes ausmachen sollen. Dem Prinzip fehlt es in einigen Fällen nicht nur an Genauigkeit, es sollte außerdem angepasst werden, je nachdem, in welcher Branche bzw. Unternehmensabteilung es angewandt wird.

Hinzu kommt, dass das Prinzip einen grundsätzlichen Mangel an Effizienz unterstellt. Wenn 80 % der Produkte – die am wenigsten verkauften – einen gewissen Umsatz, angenommen 20 %, generieren, könnte dieser Umsatz signifikant ansteigen, wenn es gelingt, die Opportunitätskosten radikal zu senken. Dies zeigt Anderson in seiner Long-Tail-Theorie.

Die ABC-Analyse

Die ABC-Analyse bietet einen zusätzlichen Blickwinkel und basiert auf der These, dass das Pareto-Prinzip die Zwischengruppen außer Acht lässt und sich deren Wichtigkeit daher nur schwer beurteilen lässt.

In der ABC-Analyse werden die Ergebnisse in drei Kategorien eingeteilt, wodurch auch die weniger rentablen Zwischengruppen Beachtung finden:

- Klasse A: 20 % der Kunden, die 80 % des Umsatzes erbringen
- Klasse B: 30 % der Kunden, die 15 % des Umsatzes erbringen
- Klasse C: 50 % der Kunden, die 5 % des Umsatzes erbringen

Die Blockbuster-Strategie

Nach der von Anita Elberse erarbeiteten Blockbuster-Strategie sind in der Kultur- und Unterhaltungsbranche Blockbuster für einen Großteil des Umsatzes verantwortlich.

ZUSAMMENFASSUNG

Chris Andersons Modell ergänzt das Pareto-Prinzip und die ABC-Analyse. The Long Tail bezieht sich dabei spezifisch auf den Digitalmarkt, wobei die Theorie parallel zu den anderen beiden Modellen besteht, ohne diese zu widerlegen.

Elberses Theorie kritisiert hingegen das Long-Tail-Modell und stellt dessen Gültigkeit sogar in Frage.

ZUSAMMENGEFASST

- The Long Tail ist ein Statistik- und Wirtschaftsmodell, das 2004 von Chris Anderson aufgegriffen und für die Digitalbranche belegt wurde.
- Möglich wurde das Modell durch technologische Entwicklungen. Es gilt für den Verkauf von digitalen Produkten und Dienstleistungen, da die Produktions-, Lager- und Vertriebskosten dort niedrig bzw. gar inexistent sind.
- Die Theorie ergänzt das Pareto-Prinzip und besagt, dass in der Digitalbranche die beliebtesten Produkte nicht zwangsläufig die sind, die den größten Umsatz generieren.
- Anderson zufolge bietet das Ausschöpfen des „Long Tail" einen langfristigen Rentabilitätsvorteil.
- Dr. Anita Elberse widerspricht Andersons Modell jedoch. Nach 10 Jahren Forschung ist sie überzeugt, dass auch im Internetzeitalter Blockbuster die Kultur- und Unterhaltungsmärkte bestimmen.
- Weitere Modelle – wie das Pareto-Prinzip und

die ABC-Analyse – geben andere Verteilungen an als der Long Tail.

- Das Long-Tail-Prinzip kann für Suchmaschinenoptimierungsstrategien eingesetzt werden. Dabei ist es ratsam, sich auf weniger stark umkämpften Nischenmärkten zu positionieren, da so die positiven Effekte des Long Tail bei der Suchmaschinenoptimierung ausgenutzt werden können.

Ihre Meinung ist uns wichtig!
Hinterlassen Sie doch einen Kommentar auf der
Seite unserer Online-Buchhandlung
und teilen Sie Ihre Favoriten in den sozialen
Netzwerken!

DARÜBER HINAUS

LITERATURVERZEICHNIS

- Anderson, Chris: *The Long Tail – der lange Schwanz. Nischenprodukte statt Massenmarkt – Das Geschäft der Zukunft.* Aus dem Amerikanischen von Michael Bayer und Heike Schlatterer. Hanser: München 2007.

- Andrieu, Olivier: „Pourquoi la notion de "Longue Traîne" est-elle nécessaire dans une stratégie de référencement". *Abondance.* Beitrag auf dem Portal zur Suchmaschinenoptimierung (auf Französisch). (November 2008). http://docs.abondance.com/question123.html (23.08.2018).

- Archambeau, Tony: „Référencement – Longue traîne." *InfoWebMaster.fr.* Beitrag auf dem Webmaster-Portal (auf Französisch). (17.12.2008). http://www.infowebmaster.fr/40,news-reference-ment-longue-traine.html (23.08.2018).

- Avenier, Michel: „La longue traîne une stratégie de référencement". *Abimes Concept.* Blogbeitrag der Internetagentur (auf Französisch). (27.03.2014). http://www.abime-concept.com/blog/2014/03/27/la-longue-traine-une-strate-gie-du-referencement/ (23.08.2018).

- Benghozi, Jean-Pierre; Benhamou, Françoise: „Longue traîne. Levier numérique de la diversité culturelle". In: *Culture prospective* 1(1, 2008). S. 1-11.

- Bloquet-Prevost, Charlotte; Manneval, Miléna: „Exploitation des données fournies par les utilisateurs. L'enjeu de l'économie numérique". In: *Revue Sorbonne* (März 2014). http://www.univ-paris1.fr/fileadmin/diplome_M2OFIS/OFIS_2013-2014/Articles/article_Revue_OFIS_mars_2014_Bloquet-Prevost_Manneval.pdf (23.08.2018).

- *Jimdo*: „5 conseils pour rédiger des textes optimisés pour Google". Beitrag des Webseitenbauers (auf Französisch). (27.12.2013). http://fr.jimdo.com/2013/12/27/5-conseils-pour-r%C3%A9diger-des-textes-optimis%C3%A9s-pour-google/ (23.08.2018).

- Lacombled, David: „Internet. La longue traîne n'a-t-elle pas toujours été qu'une utopie?" In: *Slate Reader* (19.03.2014). http://www.slate.fr/tribune/84585/longue-traine-blockbusters (23.08.2018).

- Le Cam, Nicolas: „La longue traîne, l'atout de votre SEO". *LunaWeb*. Blogbeitrag (auf Französisch). (03.06.2013). http://blog.lunaweb.fr/seo-longue-traine/ (23.08.2018).

- *mataf.net*: „Coût d'opportunité". Definition auf der Internetseite des Trading-Portals (auf

Französisch).
http://www.trader-finance.fr/lexique-finance/
definition-lettre-C/Cout-d-opportunite.html
(23.08.2018).

- *Wiféo*: „Qu'est-ce que la longue traîne (ou long tail)". Beitrag auf der Seite des Webseitenbauers (auf Französisch).
http://www.wifeo.com/documentation-77.html
(23.08.2018).

WEITERFÜHRENDE LITERATUR

- Alpar, Andre; Koczy, Markus; Metzen, Maik: *SEO – Strategie, Taktik und Technik. Online-Marketing mittels effektiver Suchmaschinenoptimierung.* Springer Gabler: Wiesbaden 2015.

- Elberse, Anita: „Das Märchen vom Long Tail". In: *Harvard Business Review* 8(2008).

- Pohl, Gerrit: Der Long Tail. Das dünne Ende der Ladenhüter. *Spiegel Online.* (10.11.2006). http://www.spiegel.de/netzwelt/web/der-long-tail-das-duenne-ende-der-ladenhueter-a-447490.html (23.08.2018).

MEHR AUF 50MINUTEN.DE

- Delers, Antoine: Das Pareto-Prinzip. Die 80/20-Regel. Aus dem Französischen von Mareike Lobeck. Plurilingua Publishing: Brüssel 2008.

- Guidiri, Mouna: <u>Das Freemium-Modell. „Gratis" als Verkaufsinstrument</u>. Aus dem Französischen von Mareike Lobeck. Plurilingua Publishing: Brüssel 2008.

NOCH NICHT GENUG?

- Elberse, Anita: *Blockbusters. Why big hits – and big risks – are the future of the entertainment business.* Faber & Faber: London 2014.

- *Wired Blog Network*: "The Long Tail – Chris Anderson's blog". Blog des Autors (auf Englisch). <u>http://www.longtail.com/</u> (23.08.2018).

SCHMÖKERN SIE SICH SCHLAU!

www.50Minuten.de

www.50Minuten.de

ISBN digitale Ausgabe: 9782808009911

ISBN gedruckte Ausgabe: 9782808011570

Pflichtexemplar: D/2018/12603/330

Cover: © Plurilingua

Digitale Aufbereitung: Primento, der digitale Partner der Herausgeber